«PAROLE»

Collana «Parole»

JOHN PENBERTHY

DOLCE
COME IL MIELE

Illustrazioni di Laurie Barrows

Sperling & Kupfer Editori

Traduzione di Giulia Balducci
To Bee or Not to Bee
Copyright © 2006 John Penberthy
c/o Guillermo Schavelzon & Asoc., Agencia Literaria
info@schavelzon.com
Illustrations © 2006 by Laurie Barrows
© 2006 Sperling & Kupfer Editori S.p.A.

ISBN 88-200-4066-2
86-I-06

A Peggy, che ha creduto in me
e a Erin, mia figlia e gioia immensa

I

Era proprio il genere di giornata che l'ape Buzz preferiva: non c'era afa, l'aria era limpida. Si poteva gustare il calore del sole, ma anche la frescura dell'ombra. La terra profumava ancora d'acqua e nuvole per il temporale di quel pomeriggio, e il trifoglio aveva un'aria davvero succulenta. Il prato era un dolce tappeto di giada, disseminato a perdita d'occhio di denti di leone gialli, fra i quali spiccava anche il rosso di qualche solitario papavero. Il contrasto con l'azzurro del cielo era talmente sublime da lasciare l'apina senza parole.

L'aria era densa del ronzio delle api: minuscole ali vibranti che svolazzavano sull'erba lucente in cerca del bocciolo perfetto, o sprofondate nei fiori a succhiare nettare e polline, o ancora di ritorno all'alveare cariche dei nutrienti doni della valle. Uno scenario assai laborioso, pensò Buzz, se solo ci si soffermava a riflettere. Mentre osservava quella brulicante attività, Buzz volò con

la mente nel luogo intimo e segreto che tanto amava esplorare. Nonostante avesse gli occhi aperti, il paesaggio che aveva dinanzi svanì gradualmente dalla sua coscienza.

Perché esiste tutto questo? Com'è accaduto?

Perché ci troviamo qui? Qual è il senso della luce e dell'ombra?

Un'ape operaia la scosse dai suoi pensieri, riportandola al compito che doveva svolgere. «Forza, Buzz, c'è del lavoro da sbrigare.»

Imbarazzata, Buzz si alzò in volo, andò a posarsi sul dente di leone più vicino e si mise meccanicamente a cercarne il nettare. *Ecco che si ricomincia. Ma che fretta c'è? Viviamo in una valle incantevole e incredibilmente ricca, eppure sembra che tutti pensino solo a lavorare per espandere la colonia.* E la colonia ospitava già più api di quante fosse possibile contarne. Proprio non riusciva a capire come mai la comunità ci tenesse così tanto a continuare a svilupparsi.

Una volta raccolto quanto più nettare poteva, Buzz si spostò su un altro fiore e cominciò di nuovo a scavare nell'oscurità del suo cuore per estrarne il seme. Lo raccolse dallo stame grano dopo grano, lo modellò fino a farlo diventare una compatta pallina gialla che fissò con grande cura sugli ispidi peli della zampetta posteriore destra. Quando la palla fu ben assicurata, prese meticolosamente a modellarne un'altra che fissò sulla zampetta posteriore sinistra. Mentre ritornava all'alveare, Buzz dovette metterci il doppio dell'impegno per riuscire a compensare il pesante carico che portava.

Si posò all'ingresso e si fece strada verso il favo. Come sempre, i passaggi erano un caotico dedalo di api che si muovevano in ogni direzione, urtandosi di continuo. Il buio, il calore e l'umidità, poi, non miglioravano certo la situazione. Era un miracolo che ognuna riuscisse a giungere a destinazione.

Deve esserci per forza un altro modo, pensò Buzz, mentre si faceva faticosamente strada in quella moltitudine.

A quanto pareva, però, non stava avanzando con suffi-
ciente rapidità, poiché udì un commento alle sue spalle:
«Datti una mossa, Buzz, stai creando un ingorgo!»
Fu così che, nella fretta di arrivare, Buzz andò a sbattere
contro una compagna e rovesciò tutto il suo prezioso
carico. «Se non sei capace di fare una cosa come si deve,
non farla affatto», brontolò una voce.
Confusa, Buzz si affrettò a raccogliere il polline versato e si
aprì rapidamente un varco verso il fuco. Rigurgitò il net-
tare, mentre alcune operaie rimuovevano le palline dalle

sue zampe e le depositavano in una celletta, comprimen-
dole bene. Non venne sprecato neppure un secondo. Buzz
non si sentiva mai completamente a proprio agio all'inter-
no dell'alveare, ma per qualche inspiegabile ragione quel
giorno i suoi soffocanti cunicoli le erano ancora più intol-

lerabili. Non vedeva l'ora di andarsene, così provò a precipitarsi verso l'uscita, ma combattere contro quel traffico indiavolato era davvero inutile. Trascorse un'eternità prima che riuscisse finalmente a intravedere la luce del giorno filtrare attraverso l'apertura. Ma cos'è l'eternità per un'ape?

Buzz si posò sul ramoscello di un pioppo per riprendere fiato. C'era forse qualcosa che non andava in lei? Perché non riusciva a essere paga di lavorare tutto il giorno come le sue compagne? D'altro canto, perché loro non riuscivano a capire che nella vita non si può pensare soltanto a costruire alveari e a perpetrare la specie?

Buzz sapeva di essere un'operaia abile come qualunque altra. Eppure, quel giorno qualcosa la disturbava, e il suo rendimento ne risentiva. Già la reputavano un po' eccentrica con tutte le sue strambe domande. Ora cominciava anche a dare l'idea di essere pigra e incompetente. Osservò il prato, la valle e l'aguzzo profilo delle montagne alle sue spalle. Sì, sapeva che quello era l'unico prato della vallata, e oltretutto si trattava di un prato piuttosto piccolo. Sapeva che l'intera colonia doveva la sua sopravvivenza al trifoglio e ai fiori che vi crescevano. E sapeva della continua competizione con calabroni, colibrì e farfalle per quelle limitate risorse. Lo aveva sentito dire migliaia e migliaia di volte dalla regina: «Operaie, abbiamo solo questo praticello per provvedere al nostro sostentamento, quindi lavoriamo ancora più sodo quest'oggi e riempiamo il favo fino a farlo scoppiare». Ma poi, non appena il favo era pieno, cominciavano subito a costruirne un altro, e un altro ancora.

Sebbene Buzz stesse cominciando a stufarsi di quella quotidiana frenesia, era l'impercettibile inquietudine che serpeggiava nella colonia a preoccuparla maggiormente. Un'ansia silenziosa eppure palpabile privava le api operaie della gioia di vivere. Nonostante abitassero in una regione lussureggiante, si comportavano come se la carestia fosse alle porte. Eppure, una vocina dentro di lei le diceva che non c'era ragione di angustiarsi; avrebbero sempre avuto di che sostentarsi, proprio come le formiche e i bruchi. Perché non rallentare il passo, avere meno bocche da sfamare e lasciare a tutti la possibilità di rilassarsi e godersi un po' di più la fuggevole esistenza?

E inoltre, perché dovevano tutti fingere di essere sempre «al massimo»? La verità era che Buzz aveva periodi in cui si sentiva felice e su di giri, e altri in cui era triste e con le ali a terra. Dalla tensione che serpeggiava nella colonia, Buzz percepiva di non essere la sola a sentirsi a quel modo. Eppure nessuno ne aveva mai fatto parola; confidare una simile debolezza sarebbe stato inaccettabile. Così, proprio come le compagne, anche Buzz aveva taciuto, e questo la imprigionava in una gabbia di menzogna e falsità esasperando la sua solitudine.

Buzz levò lo sguardo ai picchi dentellati che incoronavano la valle. Che cosa c'era lassù? E oltre? Alcuni sostenevano che la terra al di là delle montagne fosse assai inospitale per le api. Altri andavano dicendo che fosse ricoperta da infiniti ghiacciai. Altri ancora, che finisse a precipizio in un arido deserto, o che le montagne digradassero verso il freddo oceano color dell'ebano. Una cosa era certa: nessuno aveva mai tentato di volare in quel mondo che si estendeva ai confini del mondo. Era una cosa che alle api non sarebbe mai venuta in mente di fare.

Lei stessa aveva risalito il fianco della collina quanto bastava per sapere che, una volta superata la cima dei rossi abeti, si era in balia di correnti gelide e di venti spietati che sembravano non smettere mai di soffiare. Tuttavia, non poteva fare a meno di porsi quegli interrogativi. Un fuco le passò accanto. «Buzz, metti in moto il didietro.» Ogni volta che stava cominciando a divertirsi, qualcuno arrivava sempre a guastarle la festa. Si diresse allora verso il prato, raccolse un nuovo carico e tornò all'alveare. La parte più responsabile di sé sapeva bene che era giusto fare il proprio dovere, e il comportamento di quel giorno suscitava in lei un lieve senso di colpa. Dopotutto, era un'ape operaia, e le api operaie sono concepite per lavorare: costruire l'alveare, nutrire le larve, pensare al nido e al foraggio, immagazzinare miele e polline, e difendere la colonia dagli attacchi esterni. Quest'ultimo compito le risultava particolarmente ripugnante. Sperava davvero di non essere mai chiamata al combattimento.

Per tutto il pomeriggio Buzz si sforzò di concentrarsi sulle sue attività, cercando di allontanare lo sciame di pensieri che affollava la sua mente curiosa. Ricordò a se stessa di essere soltanto un'ape. Non avrebbe di certo risolto i problemi dell'Universo da sola. Era parte di una società assai industriosa, dov'era fondamentale riuscire a integrarsi. Alcune api avevano già preso a evitarla e lei non voleva certo diventare un'emarginata. Da quel momento in poi, si sarebbe imposta un po' di sana disciplina, dedicandosi seriamente alle mansioni che le erano assegnate. Tutto sarebbe andato per il meglio; del resto, nessuna delle sue compagne si era mai lamentata della propria condizione.

2

Buzz trascorse i giorni successivi a lavorare come non aveva mai fatto in vita sua. Nessuno avrebbe più potuto accusarla di essere pigra o, addirittura, di essere una larva! Avanti e indietro, avanti e indietro dal prato di trifoglio all'alveare, con carichi pesantissimi. Sperava che la fatica l'avrebbe distratta. Aveva sentito dire dalle api più anziane che «una mente pigra è il laboratorio del demonio» e stava cominciando a crederlo davvero. Tutto il suo rimuginare non le aveva portato altro che guai. Ricordò quindi a se stessa che la cosa più importante era sentirsi parte della comunità.

Buzz compiva meccanicamente tre o quattro viaggi di fila, senza mai fare una sosta, ubriaca di stanchezza e di rassegnazione, ma provava a convincersi che fosse tutto ok. La verità, tuttavia, era che per la maggior parte del tempo, continuava a inseguire la spirale dei suoi pensieri, a interrogarsi, a immaginare. Non poteva farci niente. Del resto procacciare cibo era un'attività istintiva che non le impegnava la mente. Era quindi in grado di lavorare e fantasticare allo stesso tempo. La cosa stava cominciando a farla impazzire.

Una mattina, prima di cominciare le attività quotidiane, un guppetto di api, posate sul ramoscello di un acero vicino all'alveare, osservavano le formiche brulicare attorno al formicaio sottostante. Alcune di loro trascinavano una mosca morta verso la tana, altre scavavano, ma la maggior parte sembrava affannarsi avanti e indietro senza uno scopo preciso.

«Guardate quelle sciocche formiche», le schernì un'ape. «Già, non fanno altro che correre in tondo tutto il giorno», aggiunse un'altra. «Per loro conta soltanto costruire formicai sempre più grandi e generare nuove formiche. Sono macchine in miniatura; non hanno coscienza di loro stesse, né della vita. Sembra tutto così privo di senso.»

Buzz non riusciva a credere alle proprie orecchie; lei pensava le stesse cose della sua colonia! Non riuscì a trattenersi: «E che cosa le rende diverse da noi?»

«Diverse da noi?» replicò un'ape soldato? «Be', tutto. Tanto per cominciare, noi siamo molto più grandi.»

«Ma la misura non conta nulla», ribatté Buzz. «Le dimensioni sono relative.»

«Forse, ma loro sembrano tutte uguali; non riesci a distinguerle le une dalle altre.»

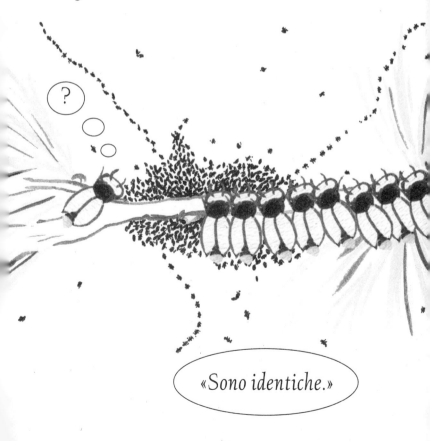

«*Sono identiche.*»

«E poi, noi sappiamo volare», aggiunse un'ape anziana. «Ciononostante», protestò Buzz, «sono esseri viventi come noi.»

«Ti sfugge il punto, Buzz», aggiunse un'operaia in tono paziente. «Le api sono speciali; siamo una forma di vita molto più elevata rispetto alle formiche. Considera la complessità del nostro alveare e della nostra struttura sociale, il miracolo della nostra capacità riproduttiva, il modo in cui immagazziniamo il miele. Be', le formiche non sanno nemmeno farlo, il miele; per questo non sono neanche lontanamente paragonabili a noi.»

«Ma scommetto che le formiche sanno fare un sacco di cose che noi ignoriamo», sbottò Buzz. «Nessuna di noi ha mai visto l'interno di un formicaio. Sembrano efficientissime nel nutrirsi e nel riprodursi. Anzi, non mi stupirei se la loro colonia fosse più grande della nostra.»

Buzz capì che si stava ficcando in una questione spinosa. Nonostante qualcuna delle api fosse volata via, la maggior parte era rimasta, e borbottava, lanciando timorose occhiate ai capi, in attesa che ponessero fine alla questione una volta per tutte. All'improvviso una voce autorevole si alzò sulle altre.

«Silenzio, silenzio. SILENZIO! La vera differenza tra noi e loro non è ancora stata menzionata. Ciascuna di quelle formiche rappresenta solo una piccola parte di un insieme, e riguardo al resto, hanno scarsissima consapevolezza di sé. Al contrario, noi siamo individui, coscienti di noi stessi e di ciò che ci circonda. Abbiamo il libero arbitrio di fare quello che più ci aggrada.»

Buzz stentava a credere a quelle parole. «LIBERO ARBITRIO?» ribatté. «Come puoi dire che abbiamo il libero arbitrio quando, giorno dopo giorno, non facciamo altro che costruire l'alveare, procurare il cibo e badare alla prole?»

«Ma, giovane ape, abbiamo la libertà di scegliere in quale cella dell'alveare lavorare, da quale fiore succhiare il nettare, quale percorso seguire e quale larva nutrire. Che altra libertà dovremmo mai desiderare?»

Nel frattempo si era assiepata attorno a loro una folla ronzante, che rumoreggiava il proprio assenso.

Buzz capì che continuare non avrebbe avuto alcun senso; sarebbe stato come mettersi a discutere con un filo d'erba o con un pezzo di corteccia. E tutta la buona volontà di cui si era armata negli ultimi giorni pareva svanita come il vapore che saliva dalla terra umida. Comprendendo di non avere alcuna speranza, scosse il capo e, senza aggiungere altro, si levò in volo e si diresse verso il cuore della foresta. Il resto dell'assemblea concordò sul fatto che la verità fosse stata degnamente difesa.

Buzz vagò senza meta attraverso il bosco, e imboccò i solitari sentieri della tristezza. Era successo ancora. Non lo aveva fatto apposta, ma senza accorgersene era riuscita a rendersi ridicola, isolandosi ancor più dal resto della colonia. *C'è qualcosa che non va in me? Perché non riesco a integrarmi?* Si posò sulla sabbia fine, lungo la sponda di un ruscello gorgogliante e fissò la corrente con occhi vuoti.

Dopo qualche minuto, Buzz si rese conto di non essere sola. Alzò il capo e vide una vecchia ape maschio, con una sola antenna, seduta con gli occhi chiusi, su un masso coperto di muschio, perfettamente immobile. L'ape aprì gli occhi, sorrise e fece un cenno di saluto.

«Non farti abbattere da quelli, tesoro», disse con voce compassionevole.

Buzz era confusa. Ovviamente quell'ape doveva essere già lì quando Buzz era arrivata. Ma come poteva sapere quanto era accaduto nel prato? «Da chi non dovrei farmi abbattere?» domandò allora, fingendo di non capire.

«Dagli altri», rispose il vegliardo come se niente fosse. «Oramai tutta la colonia saprà di te.»

Buzz trasalì.

L'ape anziana si levò in volo e andò a posarsi accanto a Buzz. «Mi chiamo Bert», si presentò.

«Lieta di conoscerti», rispose Buzz tristemente. «Io sono Buzz.» Alzò lo sguardo e studiò quel tipo insolito, cercando di comprendere il motivo della sua presenza. «Che ci fai qui?» chiese Buzz.

«Be'... vengo al ruscello tutti i giorni per mettermi in contatto.»

«Metterti in contatto? Con che cosa?»

«Con me stesso», rispose Bert. «È molto facile perdere la consapevolezza di sé, là fuori, nel prato.»

D'improvviso Bert ebbe la completa attenzione di Buzz. Non aveva mai sentito discorsi simili prima. «Perché tieni gli occhi chiusi?» gli domandò Buzz.

«Aiuta a tenere lontano le distrazioni.»

«Mmm», fece Buzz meditabonda. Qualcosa le disse che avrebbe potuto aprirsi con Bert senza paura, così abbassò la guardia.

Bert le sorrise rassicurante. «Ti sto tenendo d'occhio da un po', Buzz. Mi ricordi me stesso quando avevo la tua età. Sei diversa e dovrai accettare questa tua diversità se vorrai realizzare la tua vera natura. So che a volte essere

diversi è difficile, ma scoprirai che può anche darti...
un'incredibile ricchezza.»

Buzz si sentì confortata nell'apprendere di non essere
l'unica ape ad avere inclinazioni tanto strane. Eppure
non condivideva le parole di Bert. «Ma ogni volta che
apro la bocca, mi tiro la zappa sui piedi. Se dico come la
penso, vengo esclusa, se mi sforzo di stare zitta mi depri-
mo.»

«Dovrai trovare un compromesso, figliola», rispose
Bert. «Senti, sei un'ape operaia e devi fare la tua parte,
se hai intenzione di vivere in questa colonia. Ma ciò non
significa che tu non possa essere te stessa. Non è il lavoro
che t'impedisce di trovare la felicità, ma il tuo modo di

pensare; sei convinta che il tuo mestiere sia una cosa distinta dalla vita personale, che sia l'unico scopo della tua esistenza. In realtà puoi lavorare e interrogarti allo

stesso tempo; ti ho visto. Puoi lavorare e apprezzare la bellezza di questa valle. E di certo, nella tua routine quotidiana, puoi ritagliarti un briciolo di tempo, piccolo come un granellino di polline, per rilassarti e darti all'esplorazione. È solo una questione mentale.»

«Ma che ne sarà di tutte le altre api che sprecano la vita lavorando, lavorando e lavorando, giorno dopo giorno, fino a cadere stecchite dalla fatica?»

«Non preoccuparti per loro, Buzz. Fanno quello che

ritengono giusto, proprio come te. Prova a essere più aperta. Il potere della mente consiste nel cogliere le differenze; quello del cuore, nel cogliere le similitudini. Che potere usi tu?»

«Io mi limito a vedere ciò che ho davanti agli occhi», rispose Buzz.

Bert tacque e il suo silenzio era trasparente come le bisce sottili che danzavano sul fondo del ruscello.

3

Il mattino seguente, mentre stava per volare verso il prato, Buzz colse il bisbiglio di un gruppo di api, impegnate nelle preghiere mattutine. Non si era mai sentita particolarmente attratta dalla religione, ma quel mattino, per qualche strano motivo, l'assembramento attirò la sua attenzione. Si avvicinò e si mise ad ascoltare. Il capogruppo stava terminando la preghiera: «... infine, Signore, ti chiediamo che tutti i membri della colonia che ancora non accolgono la Tua parola possano trovare la retta via ed essere salvati. Amen».

Salvati? Pensò Buzz. Forse quel che cerco si trova proprio qui. Si unì alla folla e si mise nuovamente in ascolto, nel tentativo di raccogliere il maggior numero di informazioni possibili, senza dare troppo nell'occhio. Qualcuno disse: «La passione per il miele, per esempio, è la radice di tutti i mali». Buzz trovò quest'affermazione piuttosto strana, poiché proveniva dall'ape più golosa dell'alveare. Ma non le poteva neanche dire «da che pulpito» visto che le chiese delle api non avevano un pulpito e non erano nemmeno delle chiese ma dei prati di trifoglio.

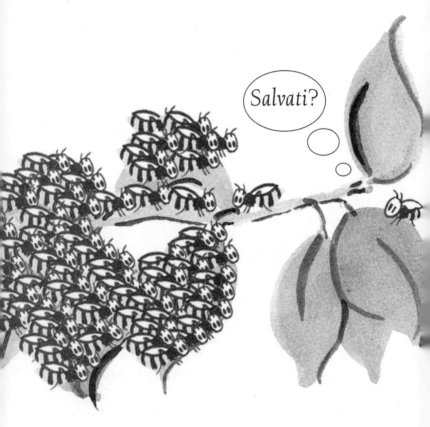

Il leader del gruppo, Bobby, stava tenendo d'occhio Buzz da settimane. Comprendeva benissimo quel che lei stava passando. L'aveva visto accadere centinaia di volte e provava compassione per la giovane ape confusa. Certo di conoscere perfettamente la soluzione ai problemi di Buzz, si elettrizzò all'idea di poter salvare un'altra anima. Così, si fece lentamente strada verso lei e, con sincera preoccupazione, le chiese: «Che cosa ti conduce quest'oggi fra noi, figliola?»

«Con esattezza non lo so», rispose Buzz, incerta.

«Be', ti diamo il benvenuto; sei arrivata nel posto giusto. So che ultimamente ti senti un po' turbata, ma se aprirai il tuo cuore al Signore, potrai trovare anche tu la salvezza.»

«La salvezza? E da cosa?» chiese Buzz.

«Be', dall'inferno, dalla dannazione eterna dopo la morte.»

«Ma perché dovrei andare all'inferno?»

«Perché sei una peccatrice, al pari di noi tutti. E se non conduci una vita retta e non domandi perdono all'Essere Supremo, non avrai alcuna speranza di andare in paradiso.» Ma quanto dista il paradiso di un'ape da un campo di trifoglio? Tre foreste? Tre foreste e due quarti? Una foresta e mezzo lago?

Buzz ignorava di essere una peccatrice. Naturalmente non era perfetta, ma non aveva mai fatto del male a nessuno. D'altro canto, l'Essere Supremo aveva forse una visione differente delle cose. Bobby sembrava esserne certissimo. Buzz volle sapere di più sulle conseguenze del peccato. «Com'è l'inferno?» domandò.

Bobby strinse gli occhi e assunse un tono profetico.

«L'inferno è il regno di Belzebù, è la casa del demonio. Una selva di fuoco eterno, senza vie di fuga né sollievo, per tutti i secoli dei secoli. Nonostante si soffrano pene insostenibili, non si muore mai; si patisce miserevolmente assieme a tutte le altre api dannate, piangendo e gemendo in un'eterna agonia.»

Nel discorso di Bobby qualcosa non tornava, ma Buzz chiese: «E il paradiso, com'è?»

Bobby si rilassò all'istante. Un'espressione rapita trasfigurò il suo volto, mentre alzava gli occhi al cielo. «Il paradiso è il regno dell'Essere Supremo. È un prato lussureggiante e infinito, traboccante di fiori di ogni specie. Non c'è bisogno di lavorare e non esiste discordia. Non ci sono orsi pronti a infilare i loro artigli negli alveari e la pioggia non appesantisce mai le nostre ali. Le api hanno tutto ciò di cui necessitano e sono eternamente felici.»

A dire il vero, a Buzz sembrava tutto piuttosto noioso. «Le formiche vanno in paradiso?»

«No, soltanto le api», rispose Bobby con tono autorevole.

«Ma possiamo andarci solo quando moriamo?»

«Esatto, però solo se sei buono e credi nell'Essere Supremo.»

«Ma che ne è del tempo che stiamo vivendo ora?»

«Questa vita è soltanto la preparazione di quella che verrà.»

La faccenda cominciava a farsi un po' macchinosa. Se Buzz doveva credere a questa storia, non aveva nessuna intenzione di attendere la possibilità di una ricompensa in un *ipotetico* aldilà. «E che aspetto ha l'Essere Supremo?» domandò.

«L'Essere Supremo è uno spirito onnipresente e onnipotente. Ci ha creato tutti a sua immagine e somiglianza, il che significa che Egli pensa e agisce come un'ape. Per questo motivo conosciamo i suoi desideri. Egli ci ama e veglia su di noi.»

Buzz rifletté attentamente sulle parole di Bobby. «Ma se Dio è onnipresente e onnipotente, allora come può esistere il demonio?»

Bobby si sentì frustrato dalla logica elementare di Buzz ma non volle apparire condiscendente. «Il demonio è una creatura assai astuta che ci lusinga con infinite tentazioni, e quando cediamo egli s'impossessa della nostra anima.»

«Quindi in realtà il demonio esiste solo dentro di noi?»

«No, no!» rispose Bobby in tono brusco. «Il demonio è uno spirito maligno che abita all'inferno.»

«Allora Dio è ovunque ma non dov'è il demonio?» Buzz rifletté ingenuamente.

«Suppongo che si possa dire così», tentennò Bobby con crescente esasperazione.

«Quindi vuol dire che Dio non è onnipresente e onnipotente.»

Bobby sentì avvicinarsi il limite della propria sopportazione, ma si sforzò di mantenere il sorriso, mentre rispondeva con il tono più gentile possibile. «Buzz, questa religione non può essere provata; devi semplicemente accettarla con un atto di fede.»

Buzz ponderò quelle parole e rimase in silenzio per qualche istante, cercando di comprenderne il senso. Ma le riusciva difficile credere in qualcosa che non seguisse le vie definite e lineari della logica. Si domandò perché Dio ci avesse fatto il dono della ragione se poi non desiderava che ne facessimo uso. «Ma tu come fai a sapere tutto questo?» chiese.

«Si tratta di conoscenze che si sono tramandate per centinaia di generazioni», rispose Bobby.

Buzz si domandò perché mai le api che avevano vissuto centinaia di anni fa dovessero saperne più di quelle che vivevano adesso. Sarebbe stato più naturale il contrario. Ma tenne questi pensieri per sé. «E dici che Dio ci ama tutti?»

«Assolutamente», rispose Bobby con fervore, pensando di essere finalmente riuscito ad aprire una breccia nell'animo di Buzz.

«Ma se Dio ci ama tutti, perché dovrebbe mandare qualcuno di noi all'inferno?» Era una domanda più che lecita, ma Buzz aveva tirato troppo la corda.

«Perché alcuni di noi sono peccatori senza rimorso e devono essere puniti!» sbottò Bobby, incapace di contenere la propria rabbia. «Fai troppe domande, giovane ape, e se non cambierai atteggiamento, ti ritroverai in un mare di guai quando verrà il Giorno del Giudizio.»

Buzz non aveva alcuna intenzione di litigare e stava per alzarsi in volo, quando un'altra ape che aveva ascoltato la discussione, parlò: «So che da principio tutto questo può sembrare un po' confuso, bambina, ma poi, lentamente, comincia ad assumere un senso. L'intera faccenda si riduce al concetto di amore fraterno».

Buzz rimase sbalordita. Si trattava della stessa ape che il giorno prima aveva raccontato delle barzellette sulle vespe! Ne aveva davvero abbastanza. Mentre apriva le ali per librarsi nell'aria, tinta ormai di cobalto, Bobby invitò

Buzz alle preghiere della sera. Lei lo ringraziò, ma gli disse che aveva bisogno di tempo per riflettere e volò verso il prato.

4

Buzz si sentiva più confusa che mai. Per tutta la vita aveva intuitivamente percepito l'esistenza di Dio, come una sorta di comunione con la natura, e non aveva mai provato la necessità di darle una forma diversa. Eppure, ora che il suo bisogno si era fatto più intenso, ciò che aveva udito suonava decisamente inverosimile. Tentò di distrarsi con il lavoro, ma questo non fece che peggiorare le cose. Alla fine, interruppe la routine quotidiana per andare in cerca di Bert.

«La parola Dio mi ha sempre creato molte difficoltà», commentò Bert, dopo che Buzz ebbe terminato il suo ingarbugliato resoconto. «Per ciascuno di noi può avere un significato diverso. Per molti, Dio è una specie di gigante, uno spirito dalle sembianze di ape che sta in cielo ed è molto vendicativo, ma io proprio non la bevo.»

«Be', tu che cosa credi che sia?» gli chiese Buzz.

«Non saprei», rispose Bert. «Non credo sia possibile comprendere Dio, perché noi percepiamo le cose soltanto attraverso la nostra limitata prospettiva di api, mentre Dio è immensamente più grande. La definizione migliore che potrei dare di Dio è Forza Creatrice dell'Universo... Legge della Natura... il Corso delle Cose... Ciò che È. Penso che questo sia tutto quanto noi riusciamo a cogliere. Oltre, c'è solo il mistero.»

Buzz comprese quelle parole, ma il pensiero di nutrire convinzioni tanto diverse da quelle del resto della colonia la disorientava, e lo confidò a Bert.

«La religione non viene da Dio; viene dalle api», disse Bert. «Molti di noi non sentono di poter trovare Dio da soli, così si appoggiano a chi è in grado di mostrare loro il cammino. Il fatto è che Dio è dentro di noi tanto quanto lo è in qualunque altro luogo, e molte api faticano a credere di essere divine. Così cercando al di fuori di loro stesse e nella religione tentano di soddisfare il proprio desiderio di Dio.»

«È per questo che sentono la necessità di adorarlo?» domandò Buzz.

«Già, è un modo di manifestare la loro riconoscenza», rispose Bert. «Ma secondo me, Dio non ha affatto bisogno di sentire la riconoscenza di noi insignificanti, piccole api. Credo che molti di noi si rivolgano a Lui al solo scopo di rimanere sicuri al suo fianco, e non con sincero spirito di gratitudine per l'esistenza. Alcuni, poi, si perdono nell'abitudine e nei rituali.»

«So che vuoi dire, Bert», disse Buzz. «I momenti in cui mi sento davvero in comunione con ciò che mi circonda, sono quelli in cui mi fermo intenzionalmente, e provo un estatico senso di gioia per il fatto che esistiamo e viviamo in questa valle incantevole. È come se questo profondo e genuino sentimento di riconoscenza bastasse a se stesso, e non avesse bisogno di essere diretto verso qualcuno in particolare.»

«Be', se Dio è dentro...» le parole gli morirono sulle labbra.

«La religione non viene da Dio; viene dalle api.»

Seguì un lungo silenzio durante il quale Buzz e Bert rimasero immobili, per cogliere il significato di quanto avevano appena detto. Buzz sentì un grande senso di gratitudine nei confronti di Bert. Sebbene non avesse passato molto tempo in sua compagnia, le sembrava di conoscere quella vecchia ape da tutta la vita. Ripensò al giorno del loro primo incontro. «Bert, posso farti una domanda personale?»

«Certo», rispose Bert. «Qualunque cosa.»

«Ricordi quando ci siamo incontrati e tu te ne stavi seduto lungo il ruscello con gli occhi chiusi?»

«Sì.»

«Per cosa stavi pregando?» gli chiese Buzz.

«Non stavo pregando. Me ne stavo semplicemente seduto.»

«E perché avevi gli occhi chiusi, allora?» proseguì Buzz. «A che cosa stavi pensando?»

«A dire il vero stavo cercando di non pensare», rispose Bert. «Mi stavo concentrando sul mio respiro.»

«Perché?»

«Be', come ti ho già detto, aiuta a tenere lontane le distrazioni; in questo modo riesco a entrare in contatto con me stesso. Mi aiuta a raggiungere i livelli più profondi del mio essere e lasciare emergere la mia vera essenza.»

«Tu preghi?» chiese Buzz.

«Ormai non molto», disse Bert. «Secondo me pregare significa domandare qualcosa, cercare di piegare l'esistenza al nostro volere, cose con le quali io non ho mai avuto molta fortuna. Starmene seduto mi dà calma e mi apre all'ascolto, rafforza il potere che ho sulla mia mente. Ho scoperto di ottenere risultati di gran lunga migliori nel controllare la mia mente piuttosto che nel cercare di controllare tutto il resto.»

Il senso di quelle parole era perfettamente chiaro a Buzz. Non riusciva a credere alla fortuna che aveva avuto nell'incontrare la vecchia ape saggia in quella fase particolare della sua vita. Per la prima volta, si sentì legittimata e sostenuta nella propria non ortodossa visione del mondo. «Bert, non so dirti quanto apprezzi il tuo aiuto», disse Buzz. «Significa così tanto per me sapere di non essere la sola nella colonia a sentirmi tanto diversa.»

«Il piacere è tutto mio, Buzz», disse Bert in tono paterno. «Ma stai attenta; non fare mai troppo affidamento su di me o su chiunque altro. Ogni ape deve trovare la propria verità. Molto probabilmente, ormai, hai compreso che non ha senso cercare la felicità cui aneli nelle altre api, perché non è compito loro donartela. Il solo luogo dove la troverai è in te stessa. Io posso farti da guida, ma nulla di più. Non credere a niente di quanto ti dico se non lo senti vero dentro di te.»

A Buzz parve davvero molto bello, ma quando ricordò il tentativo che aveva fatto di guardarsi dentro, fu colta da un senso di sconforto. «Bert, per essere del tutto onesti, io non sono mai stata molto brava a capire me stessa. Mi pare che più cerco di ascoltare la mia interiorità, più la tristezza aumenta.»

«Nessuno ha mai detto che diventare chi si è realmente sarebbe stato facile», rispose Bert. «Per me non è stato così.»

Buzz scalciò via un granello di polline che le era rimasto attaccato alla zampetta e rivolse lo sguardo alla valle, sentendosi sempre più depressa. «Temo proprio che sarò un fallimento», sospirò sconsolata.

«Chi può dire che cosa sia un fallimento e cosa un successo? E comunque, in entrambi i casi, sarai cresciuta. Successo significa semplicemente trovare la propria strada. Solo attraverso l'esperienza possiamo ampliare la nostra limitata prospettiva di api e cominciare a cogliere il disegno più grande che regola ogni cosa.»

«E qual è?»

Bert guardò Buzz con occhi pensierosi. «Ne discuteremo un'altra volta. Hai già un mucchio di cose su cui riflettere.»

«Oh dai, Bert!» protestò Buzz. Non avrebbe certo permesso a Bert di portarla tanto lontano, per poi lasciarla a bocca asciutta. «Sono riuscito a comprendere tutto quello che mi hai detto. Forza! Continua...»

«Be'... va bene», cedette Bert, e poi raccolse i pensieri. «L'ho intravisto solo poche volte, ma posso dirti che quando riesci a percepirlo, hai la convinzione che tutto sia perfetto, che questo Universo, questa Terra, questa Valle, questa Vita non abbiano il minimo difetto.»

«Perfetto? Senza difetti?» Buzz si mise sulla difensiva. «Come puoi sostenere che tutto sia perfetto quando esistono pregiudizi, ostilità, malattia e morte? Quando io sono infelice? Stai dicendo che tutto questo è perfetto?»

«Visto da una prospettiva più ampia, sì. Sono tutte opportunità che ci vengono date per imparare le lezioni necessarie, al fine di realizzare la nostra personale perfezione.»

Seguì una pausa lunga e imbarazzata, durante la quale Buzz osservò la valle i cui contorni sfumavano in una leggera foschia. Alla fine Bert parlò: «Permettimi di farti una domanda. Tu credi che Dio sia onnipresente?»

«Be', sì.»

«Credi che sia perfetto?»

«Sì.»

«Allora... per definizione... tutto è perfetto», concluse Bert. Scrutò i picchi lontani con sguardo assorto. «Non capisci, Buzz? La perfezione non è insita nelle cose; è una condizione mentale.»

«Mmm... Vuoi dire che anche l'infelicità è perfetta?»

«Già, perché ci costringe a interrogarci. Ogni volta che sono triste o arrabbiato, o avverto un'emozione negativa, provo a considerarlo un segnale che mi dice che la mia coscienza non è in armonia con il Corso delle Cose. Per me, questo è l'inferno. Non è sempre facile e occorre molta disciplina, ma so per esperienza che con una pratica sufficiente, un'ape può arrivare a sentirsi realizzata e soddisfatta oltre ogni aspettativa.»

«Realizzata? Soddisfatta? Io voglio essere felice e...»

«Mai triste», la interruppe Bert.

«Be', sì. Che c'è di male?»

«Suppongo tu voglia anche gli alti senza i bassi, il morbido senza il ruvido, il freddo senza il caldo e il bene senza il male?»

Buzz si sentì colta alla sprovvista; la sua mente turbinava. Bert aveva ragione: c'era davvero tanto su cui ragionare. Le due api rimasero in silenzio, lo sguardo perso nell'orizzonte.

Percependo la confusione della giovane ape, Bert alla fine parlò: «Non capisci? Tutto è relativo; nell'istante in cui definisci una condizione, crei il suo opposto. Come puoi avere il freddo a meno di non sapere che cosa sia il caldo? Come puoi avere gli alti senza i bassi? La gioia senza la tristezza?»

«Ma Bert, tu sembri essere felice per gran parte del tempo.»

«Buzz, non è felicità la mia, ma pace; la pace interiore che viene dall'accettare questo mondo così com'è. Qualunque esperienza io faccia è accidentale. Non puoi afferrare la felicità. È lei ad afferrare te.»

SPLAT! Una grossa goccia di pioggia colpì il suolo a pochi centimetri di distanza. I due alzarono gli occhi al cielo e si scoprirono talmente immersi nella conversazione, da non essersi resi conto che si stava avvicinando un temporale. Un denso strato di nubi color perla aveva oscurato il sole e si era alzata una fresca brezza. Una delle regole cardinali delle api recitava, *Mai farsi cogliere di sorpresa dalla pioggia*. Un'ape con le ali appesantite dall'acqua era del tutto inutile, ed essere colpite da una goccia, o peggio ancora, da un chicco di grandine, poteva significare la morte. Buzz e Bert sfrecciarono verso il masso più vicino, si affrettarono al riparo della sua mole e scrutarono l'avvicinarsi delle nuvole.

Quando un lampo colpì la cima di un pioppo lì vicino, Buzz si fece piccola piccola per la paura. Poi si alzò un'improvvisa folata di vento, che sferzò i rami degli alberi come fossero esili fili d'erba. Il cielo era cupo e minaccioso, ma stranamente riluttante, e pareva voler elargire solo goccioloni grossi e sporadici. Il temporale sembrava volersi divertire con loro. Buzz non aveva mai provato tanta tensione.

Poi senza alcun preavviso, si scatenò. Sospinte da un vento ruggente, cortine di pioggia si accanirono sul prato. I fulmini si schiantavano tutto attorno, mentre i tuoni scuotevano con il loro brontolio i corpicini delle due api. L'erba si accese di spaventosi bagliori, che fecero correre i brividi lungo la schiena di Buzz. La giovane ape lanciò una rapida occhiata a Bert e si accorse che un sorriso carico di eccitazione era dipinto sul volto del compagno. L'acqua mista a fango raggiunse il loro riparo, costringendoli a spostarsi più in alto.

Buzz provò a calmarsi, ma inutilmente. L'intensificarsi del temporale, le fece venire in mente che forse l'alveare era in pericolo. Almeno per il momento non grandinava, ma il vento era così forte che avrebbe potuto strapparlo dal ramo dal quale pendeva. Buzz continuò a scrutare nella sua direzione, ma l'acqua era così fitta da velarle la vista. Alla fine, lo intravide, sferzato furiosamente da un turbine, che pareva sul punto di trascinarlo via con sé.

Anche Bert lo vide. «La situazione potrebbe farsi davvero grave», disse.

Ma poi, gradualmente, il vento e i lampi svanirono, e scemarono in un forte acquazzone.

Ciononostante, le due api rimasero immobili in silenzio, ciascuna assorta nei propri pensieri.

Quando l'acquazzone si ridusse a una leggera pioggerellina, Buzz e Bert e tutte le altre api della valle sfrecciarono verso l'alveare per fare una stima dei danni.

«È rimasto appeso a un unico filo», sentirono dire mentre si avvicinarono. «Se il vento fosse durato ancora qualche minuto, lo avremmo perduto.» Molte api entrarono nell'alveare intimando alle compagne di evacuare

immmediatamente. Nel giro di pochi istanti tutte le api erano in salvo, eccezion fatta per la regina, troppo grossa per volare.

Tutte percepirono la gravità della situazione. Un'altra violenta folata, e la loro casa sarebbe precipitata. Istintivamente, le operaie cominciarono a rosicchiare la corteccia dell'albero, la masticarono fino a ridurla in poltiglia e la passarono ad altre operaie, che la applicarono ai pochi fili rimasti per rinforzarli. Dopo qualche ora l'alveare era fuori pericolo, le api tirarono un respiro di sollievo, e quando giunse il tramonto la riparazione era quasi terminata.

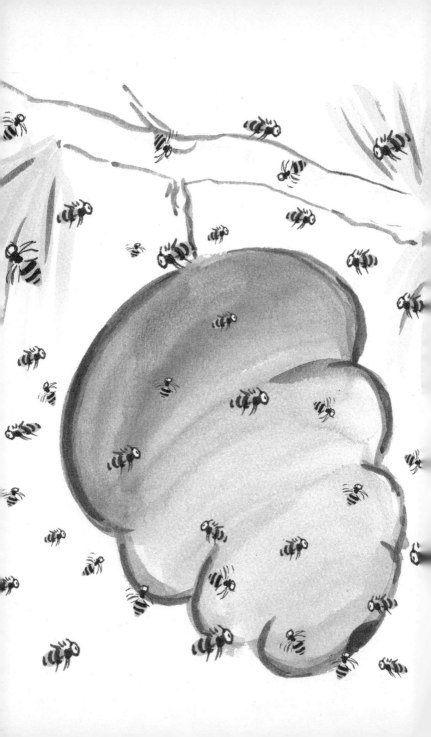

5

Quella notte nella colonia regnava un'atmosfera di grande concitazione. Fu solo a lavoro ultimato che tutte compresero quanto fossero andate vicino alla catastrofe. Non facevano che ripetere: «... un'altra folata e...»

Tutti tranne Bobby, che continuava a dire: «È stato un castigo divino. Dobbiamo pentirci e condurre una vita più retta».

Buzz continuava a rimuginare su quanto Bert le aveva detto a proposito della perfezione. Avevano appena rischiato di perdere il loro alveare, e Bert avrebbe probabilmente affermato che anche quello scampato pericolo era perfetto. Ma chi era per esprimere simili giudizi? Buzz faceva una gran fatica ad accettare quell'idea.

Il mattino seguente, Buzz trovò Bert che, con aria beata, si crogiolava al sole su una margherita. «Come fai a sapere tutte le cose che mi hai raccontato?» gli chiese.

«Mi limito a fare attenzione. E sono molto cauto nel credere a quello che dicono le altre api; prima lo devo verificare personalmente.»

Bert fissò l'orizzonte con sguardo vacuo, dando a Buzz l'impressione che la sua mente fosse altrove. «Non capisci? È perfetto pensare che la vita sia imperfetta. È quello che mantiene ognuno di noi sul proprio unico sentiero, finché non realizziamo la nostra perfezione, la nostra Unicità. Per me questo è il paradiso.»

«*È perfetto pensare che la vita sia imperfetta.*»

«Ma allora che senso ha tutto questo?»

«Non so se ci sia una vita oltre quella che viviamo istante dopo istante. Ma quando mi guardo attorno vedo che c'è un fattore comune a tutti gli esseri viventi, e questo fattore è l'espansione. Ogni particella di vita sembra voler riempire uno spazio sempre più grande, per espandersi quanto più possibile.»

«Ma Bert, è proprio la continua volontà di espansione della nostra colonia a farmi ammattire.»

«Non sto parlando solo dell'espansione esteriore. Di quella ce n'è già abbastanza. Mi riferisco a quella interiore, che tu stai sperimentando.»

Buzz annuì meditabonda. «Ed è possibile ottenerla cercando la nostra vera identità.»

«Esatto, il problema principale è che percepiamo noi stessi come separati, distinti dagli altri e da quanto ci circonda, distinti da Dio. Ma tutto è interconnesso, tutto è Unicità. Diverso e uguale al contempo. Ma a volte parole e concetti interferiscono.»

Buzz rifletté per un lungo istante, poi parlò: «Bert, io riesco a comprendere la mia unicità con la mente, ma non riesco a *sentirla*; non la sperimento».

«Capisco», rispose Bert. «Questa è la sfida più grande. Non solo comprenderla, ma *viverla*.»

«E come posso fare?»

Bert prese in considerazione il quesito di Buzz e disse semplicemente: «Trattieni il respiro».

«Trattenere il respiro?» ripeté Buzz, non vedendo alcun nesso con quanto Bert aveva appena affermato.

«Sì, trattieni il respiro senza discutere.»

«Va bene», disse Buzz in tono scettico, mentre inspirava profondamente. Guardò Bert, in attesa di istruzioni, ma questi distolse lo sguardo e cominciò a cantilenare a voce bassa. Obbediente, continuò a trattenere il respiro, domandandosi quale fosse il significato di quel gesto. Dopo un minuto divenne paonazza, ma Bert continuava a mormorare. Buzz tenne il fiato finché si sentì svenire, e alla fine espirò sonoramente e inghiottì lunghe boccate d'aria per riprendersi.

Proprio quando fu sul punto di domandare a Bert il senso della sua richiesta, questi la guardò e disse: «Ti senti ancora separata?»

Un largo sorriso si dischiuse gradualmente sul viso di Buzz. «*Sono* connessa a ogni cosa», disse lentamente. «Non posso sopravvivere nemmeno pochi istanti senza ossigeno. E l'ossigeno viene dalle piante... che hanno bisogno della luce del sole... e del nutrimento della terra... e della pioggia... e della forza di gravità... e... così via all'infinito.»

«Già. La tendenza che abbiamo a percepirci come separati è un'abitudine della quale, gran parte delle volte, non siamo neppure consapevoli. Allo stesso modo potremmo identificarci nell'Unicità, se sforzassimo a sufficienza la nostra forza di volontà.»

Bert guardò Buzz e capì dalla sua espressione accigliata che si era di nuovo persa nei suoi pensieri. Scoppiò a ridere, facendo trasalire la giovane amica.

«Che c'è di tanto divertente?» domandò Buzz.

«Ho l'impressione che tu creda che se continuerai a ragionare su tutto questo abbastanza a lungo e con la giusta concentrazione, la tua mente riuscirà a comprendere.»

«Be', sì, suppongo di sì», rispose Buzz sulla difensiva.

«Riflettere è sicuramente parte del processo», disse Bert. «Ma non è tutto. C'è qualcosa di più elevato che controlla persino la tua mente, ma puoi esserne consapevole solo attraverso l'osservazione e l'esperienza. La mente è un servitore meraviglioso ma un pessimo padrone.»

Buzz provò per un attimo a smettere di pensare ma le fu impossibile.

«Bert», cominciò, «il mio cervello mi dice che l'ossigeno, gli alberi, la terra e perfino le antenne di un'ape sono necessari alla vita e all'armonia dell'Universo, ma io voglio *sentire* la connessione con Dio.»

«Sei troppo ossessionata dalle tue idee su Dio», rispose Bert.

«Pensavo fosse una cosa buona!» protestò Buzz.

«Non ho detto che sei troppo ossessionata da Dio», la corresse Bert. «Ho detto che sei troppo ossessionata dalle tue idee su Dio.»

Ancora una volta Buzz sentì crescere in sé la confusione.

«Ma le nostre *idee* su Dio non sono forse il solo modo che abbiamo di comprenderlo?»

«No», disse Bert. «Anzi, spesso sono d'intralcio. Dio non può essere compreso, ma solo vissuto.»

Buzz chiuse gli occhi. «Be', ma questo... questo si potrebbe dire per ogni cosa», disse delusa.

«Esattamente!» rispose Bert con entusiasmo. «Inclusa te! Invece di pensare tanto, vivi appieno ciò che fai, vivi la tua vita istante dopo istante.»

E aggiunse: «Il regalo più bello è il presente».

In un certo senso Buzz sapeva che Bert aveva ragione, ma stava cominciando a provare un gran senso di oppressione. Bert le aveva dato molte idee su cui riflettere e Buzz era sul punto di congedarsi, quando Bert riprese: «Senti, Buzz, non so come dirtelo, ma devi smettere di concepire tutto ciò che esiste come opera di Dio. Ti causa solo dei problemi. È vero, un potere inimmaginabile ha creato l'Universo, questo pianeta, questa valle e noi. E allora? Alla fine restiamo sempre qui con la nostra vita da vivere, il nostro nettare quotidiano da raccogliere».

Wow! Pensò Buzz. Bert stava dunque diventando sacrilego? Per la prima volta Buzz cominciò seriamente a mettere in discussione le parole dell'amico.

«E visto che siamo sull'argomento», proseguì Bert, «ti incoraggerei anche a riflettere più a fondo sul termine *spirituale*. Un mucchio di api sono erroneamente convinte che Dio sia solo fatto di spirito. Ma Egli è anche api, alberi, terra, sole. Perché relegare Dio solo alla sfera immateriale, quando siamo circondati da tanti miracolosi indizi che ci dicono esattamente il contrario? Io preferisco usare la parola sacro.»

«Già, ma devi ammettere che il mondo fisico sembra così banale», commentò Buzz.

«Questo perché sei ottusa», rispose Bert.

Quando voleva Bert sapeva essere davvero brusco. Ma Buzz dovette ammettere che per certi versi la sua esistenza era ottusa. Depressa, sospirò tutto il suo avvilimento.

Percependo la sua delusione, Bert aggiunse: «Ora, sei pronta per la bella notizia?»

«Suppongo di sì», rispose Buzz con un filo di autocommiserazione.

«Rendersi conto della propria ottusità è un primo passo enorme. Gran parte delle api trascorrono il loro tempo senza nemmeno esserne consapevoli. E desiderare di porre rimedio a questa situazione è un secondo passo fondamentale.»

«Quindi ho già fatto due passi importanti», sintetizzò Buzz. «Qual è la prossima mossa?»

«Esercitati a prestare attenzione. Prova a trovare il sacro in tutte le cose.»

Esercitarsi, pensò Buzz. *Ancora lavoro, ancora fatica.*

«Fallo, Buzz», disse Bert. «Sii paziente. È uno stile di vita, non una cosa che può essere compiuta nell'arco di un pomeriggio. Ricorda, Dio non è uno spirito gigante dalle sembianze di ape che vive in cielo, e non è l'idea che tu ti sei fatta di lui. Tutto è divino, tu, io, Bobby, questo masso, il prato, persino Boris.»

6

A poche centinaia di metri di distanza, l'orso Boris stava gironzolando nei boschi, quando un lievissimo profumo di miele gli giunse alle narici, destando in lui il ricordo di quel dolce tesoro, sempre così vicino, eppure tanto lontano. Da cucciolo aveva imparato a sue spese che, sebbene le api fossero molto piccole, erano perfettamente capaci di causare un gran dolore a un orso. Grazie alla sua forte determinazione era riuscito ad assaporare il gusto del miele, e da allora aveva capito che si trattava di certo della pietanza più deliziosa che il menu della foresta aveva da offrire. Decise di dare una sbirciata dentro l'alveare, con la remota speranza di trovarlo abbandonato. Quando si trattava di miele, nulla doveva rimanere intentato.

Buzz stava immagazzinando un nuovo carico di polline, quando giunse l'allarme. Con il cuore in gola, si fece strada tra la folla terrorizzata verso l'ingresso dell'alveare e guardò in basso. Le sue peggiori paure trovarono con-

ferma. Un metro e mezzo più in basso, vide l'orso attaccato al tronco dell'albero che cercava di arrampicarsi, tentando al contempo di scacciare le api dal muso.

Per la colonia era una questione di vita o di morte, così almeno le avevano sempre insegnato. Tutte le operaie avevano l'ordine di attaccare l'intruso, senza preoccuparsi del fatto che chi lo avesse punto avrebbe perduto la vita. Tempo addietro Buzz era stata rimproverata per aver domandato perché non fosse possibile ricostruire l'alveare in un luogo più sicuro, evitando così di sacrificare tutte quelle vite. Era una questione d'orgoglio, le era stato spiegato; non potevano permettere che Boris facesse il bello e il cattivo tempo. Sebbene fosse goffo e poco intelligente, rimaneva un pericoloso bestione, e loro avevano il dovere di contrastarlo. Buzz percepiva anche che alcune delle api soldato si auguravano che Boris attaccasse, in modo da poter gustare il sapore del combattimento. Davvero non riusciva a comprendere perché le sue compagne fossero tanto desiderose di rischiare la vita per una mera questione d'orgoglio.

Buzz fu spinta fuori dell'alveare dalla massa di api che premeva per uscire. Più sotto, uno sciame orbitava furiosamente attorno al muso di Boris, prendendone di mira

le parti più esposte, bocca, naso, occhi e orecchie. Non appena un'ape lo pungeva, si levava in volo, strappando mortalmente l'acuminato pungiglione dal resto del corpo, e lasciando spazio all'attacco di un'altra. Buzz volò attorno alla mischia, osservando la carneficina a debita distanza.

Per Boris era giunto il momento di prendere una decisione. Il muso era un ammasso di api; non poteva neppure aprire un occhio per paura di essere punto sulla pupilla. Grugnendo fra i lamenti, finalmente comprese che quello non era giorno per il miele e cominciò la ritirata. Tutte le api emisero un sospiro di sollievo, eccezion fatta per le api soldato, che si diedero all'inseguimento dell'orso fin nel cuore del bosco.

L'alveare era un incubo di gemiti e dolore. Centinaia di api morte o in fin di vita giacevano al suolo nella sua ombra. A decine facevano ritorno gravemente ferite, con il corpo mozzato, per finire la loro breve vita in una lenta e terribile agonia. Erano tutte fiere che l'alveare fosse stato difeso con successo, e questo pensiero dava sollievo perfino ai moribondi. Ogni volta che un'ape moriva, veniva trascinata all'ingresso e spinta di sotto. Alla fine della giornata, un'enorme pila di cadaveri si accumulò sotto l'alveare, e un fetore di morte si levava dal suolo. Era la scena più raccapricciante che Buzz avesse mai visto, e ciononostante, seppure in modo perverso, quello scempio sembrava rafforzare lo spirito di cameratismo fra i membri della colonia.

Quella sera un'operaia di passaggio indicò Buzz e disse: «Ecco la codarda». Buzz non riusciva a crederlo; era stata notata! Provò a ignorare il commento e proseguì, ma una delle api soldato, Buster, gli si parò davanti. «Te ne sei stata ben alla larga da Boris stamattina, eh?» la sbeffeggiò.

Buzz sentì pulsare il pungiglione di rabbia, ma riuscì a mantenere la calma. Si ricordò che Bert l'aveva avvertita di non fare affidamento sugli altri per il proprio benessere. Poi si sorprese a dire: «Io non credo in questa guerra inutile e rifiuto di sacrificare la mia vita per il senso d'orgoglio della colonia. Ci sono altri modi di affrontare Boris. Se tutti la pensassero come me, non avremmo quello straziante cumulo di cadaveri là sotto».

«Boris è malvagio e deve essere fermato», ribatté Buster. «Non possiamo permettere che sia lui a decidere come dobbiamo vivere.»

«Ma se ricostruissimo gradualmente l'alveare in un luogo sicuro fuori della sua portata, non dovremmo affrontarlo mai più», asserì Buzz.

«E come credi che questo inciderebbe sul morale della colonia? Diventeremmo lo zimbello di tutta la valle.»

«Forse all'inizio, ma alla fine avremmo vinto, perché non perderemmo più centinaia di operaie ogni volta che Boris ha voglia di miele.»

«È fuori questione. Boris deve capire che non può spadroneggiare su di noi a proprio piacimento.»

Buzz si stava innervosendo, poi ebbe un'intuizione e pose a Buster una domanda rischiosa. «In ogni modo, se tu odi tanto Boris, perché sei qui a parlare con me e non in quel mucchio di api morte laggiù?»

Buster balbettò: «Io... io...» ma senza lasciargli il tempo di finire la frase, Buzz se ne andò.

Il mattino seguente, Buzz non riusciva a smettere di pensare a ciò che Bert aveva detto sulla perfezione. Il suo vecchio io avrebbe voluto chiudere la questione e archiviarla sotto l'etichetta «grandi sciocchezze».

Che cosa c'era di perfetto in centinaia di api che morivano per attaccare un orso? Eppure una nuova parte di lei era attratta da quell'idea; c'era qualcosa di vero nelle parole del vecchio, lo sentiva nel profondo.

Buzz trovò Bert a crogiolarsi al sole disteso su un morbido dente di leone. «Spiegami che cosa c'è di perfetto in centinaia di api che muoiono per attaccare un orso.»

«No, spiegamelo tu.» Bert sentiva che Buzz stava cedendo alla pigrizia.

«Be'... prima di tutto suppongo non ci sia davvero niente di male nel fatto che a Boris piaccia il miele. Sembra malvagio dal nostro punto di vista, perché il miele che vuole è il nostro. E considerato tutto il male che gli abbiamo fatto, probabilmente ci crede altrettanto malvagie.»

«Bene. Vai avanti.»

«Nonostante possa apparire che quelle api si siano sacrificate per difendere l'alveare, la loro morte ha anche un altro scopo: stimolarci a cercare alternative migliori. Più grande è la nostra ottusità, più dure saranno le lezioni. Quelle api non avrebbero dovuto morire. Il problema, però, è che gran parte della colonia è troppo pigra o troppo legata alle tradizioni per mettersi seriamente a cercare delle soluzioni diverse. Ma se non lo faremo, continueremo a commettere sempre gli stessi errori. La perfezione, quindi, risiede nel processo, nell'opportunità di imparare qualcosa.»

«Hai parlato da vera maestra!» disse Bert con orgoglio, carezzando una delle antenne di Buzz.

Buzz non si era mai considerata una maestra prima d'ora. Bert prese a scrutare in lontananza. «Ogni avvenimento racchiude in sé delle potenziali lezioni. Le lezioni sono il rovescio della medaglia dell'esperienza. Imparare è ciò che ci ha fatto arrivare tanto lontano, ed è quello che ci porterà ovunque stiamo andando. La maggior parte delle api vede il mondo come fine a se stesso, non lo considera uno stimolo ad apprendere, un mezzo per ottenere una consapevolezza più profonda.»

Quella rivelazione colpì Buzz a tal punto da provocarle un formicolio. Eppure... non era una formica! «Bert, ma perché non me lo hai detto prima?»

«Ci ho provato», rispose Bert inespressivo.

Scoppiarono a ridere entrambi. Era tutto così nuovo; l'attacco all'orso aveva davvero dischiuso un mondo davanti ai suoi occhi. Poi Bert vide Buzz assumere quell'espressione seria che ormai ben conosceva e si preparò a un altro quesito.

«Bert, posso farti una domanda personale?» gli chiese Buzz.

«Ti ho mai detto di no?»

Buzz sorrise impacciata. «Come hai perso l'antenna?»

«Durante un attacco a un orso», rispose Bert. «Proprio come quello di ieri.»

«Che cosa accadde?»

«Be', è passato moltissimo tempo. Ero giovane e arrogante. Un giorno stavo facendo provviste, quando all'improvviso udii l'allarme e mi precipitai verso l'alveare. Boris stava cercando di raggiungerlo arrampicandosi lungo il tronco. Fui uno dei primi a scagliarmi contro di lui. Gli atterrai dritto sul naso pronto ad affondare il pungiglione, ma con una possente zampata Boris colpì me e alcune delle mie compagne. Persi conoscenza, e quando rinvenni mi ritrovai a terra, circondato da api morte o in fin di vita. Boris era scomparso. Ero convinto che sarei morto di lì a poco, perché ero certo che il mio pungiglione fosse rimasto infilzato nel naso dell'orso. Poi, però, abbassai lo sguardo e capii di essere ancora tutto intero. A quanto pareva il mio pungiglione non era affondato abbastanza in profondità. In ogni modo, mi alzai e mi accorsi di avere le zampe tremanti, le ali spiegazzate e un'antenna in meno, ma tutto funzionava. Per quanto ne so, sono sopravvissuto per miracolo, e da quel momento in avanti, il mio modo di guardare la vita è cambiato per sempre; le cose non sono più state le stesse. Forse ho subito un danno cerebrale...»

Buzz ridacchiò.

«Ciascuno di noi acquisisce questa consapevolezza con modi e tempi differenti», aggiunse Bert. «Alcuni sono più ottusi. Altri hanno semplicemente molta fortuna.»

Buzz rifletté qualche istante prima di parlare. «Sai, si potrebbe dire che quelle api siano state mie maestre, anche senza volerlo.»

«Già, si può imparare da chiunque, anche da quelli che pensiamo sappiano meno di noi – se solo siamo in grado di accantonare il nostro ego per un momento. Le lezioni sono infinite. Siamo tutti discepoli e maestri gli uni degli altri.» Bert cominciò a sentire caldo e si ritrasse all'ombra di una foglia del dente di leone.

Buzz se ne rimase seduta dov'era. «Sai, vedere le cose in prospettiva è davvero stupefacente. È come quando ti perdi tra gli steli dei trifogli e ti disperi perché ti sembra di non riuscire più a trovare la strada per l'alveare. Poi ti alzi in volo e al posto di quegli enormi fusti verdi scorgi un piccolo campo e scopri che la tua casa era a pochi passi da te. È proprio così: basta sollevarsi qualche metro da terra, prendere le distanze, e i problemi all'apparenza insormontabili subito si ridimensionano. Allora ti rendi conto che siamo molto più che semplici api.»

Bert ridacchiò il proprio assenso. «Sembra proprio così, non è vero?»

Alternative migliori. Per tutta la giornata, mentre Buzz era impegnata a svolgere il proprio lavoro, quelle parole le risuonarono nella mente. Da una parte, cominciava a intravedere la perfezione dell'attacco all'orso, ma dall'altra capiva benissimo che avrebbero potuto evitarlo. La vulnerabilità dell'alveare era diventata per lei una vera e propria ossessione. Prima il temporale e ora Boris. Non riusciva a credere all'indifferenza del resto della colonia. Sembrava solo una questione di tempo prima che accadesse l'irreparabile. Buzz aveva già espresso le sue preoccupazioni sulla questione e per questo era stata rimproverata, ma non c'era ragione per cui non potesse aiutare la colonia a prepararsi al peggio, se e quando fosse accaduto.

Il mattino seguente si mise alla ricerca di nuovi luoghi dove ricostruire l'alveare. Gli alberi erano fuori discussione; troppo esposti. I cespugli non avrebbero funzionato per la medesima ragione. No, avrebbe dovuto trovare un luogo che fosse al contempo inaccessibile agli orsi e protetto dalle intemperie. Per tutto il giorno non fece che volare avanti e indietro, tentando di scovare una possibile soluzione, ma non ebbe fortuna. Giunta ai piedi delle colline, pronta a tornare indietro, all'improvviso sentì di dover alzare lo sguardo. Là, davanti agli occhi, trovò la risposta. Perché nessuno ci aveva pensato prima?

7

Mentre i colori tenui della primavera sfumavano nell'oro dell'estate, Buzz trascorse sempre più tempo in compagnia di Bert che, ormai era evidente, non sarebbe vissuto ancora a lungo. Il corpo del vegliardo stava cedendo agli attacchi dell'età.

Sebbene la sua mente fosse acuta come sempre, aveva difficoltà a rimanere in volo anche solo per un minuto.

Buzz cominciò a interrogarsi su ogni cosa. Occasionalmente percepiva una nuova consapevolezza interiore, ma al contempo sentiva crescere in sé un grande senso di dolore e frustrazione. Le capitava di avere un'ora o un giorno in cui si sentiva viva come non mai, in armonia con l'Universo, e allora pensava di aver trovato finalmente ciò che stava cercando. Ma presto quello stato di euforia svaniva. E nonostante gli sforzi, non riusciva a riprovarlo. Così, prima di rendersene conto, ricadeva nell'antica apatia, che le sembrava persino peggiore di prima, alla luce di quanto aveva appreso. Spesso avvertiva un'immensa desolazione, e in quei momenti Buzz si stupiva di quanto potesse sentirsi triste, insicura e confusa. Era in attimi come quelli che si chiedeva perché mai trascorresse così tanto tempo con Bert, se non ne otteneva che tormento. La «saggezza» di Bert le pareva una cosa buona, ma come metterla in pratica? Avrebbe davvero potuto portare un po' di duratura pace interiore nella sua vita?

Si sentiva sempre più spesso attratta dal valico che sovrastava la vallata, non riusciva proprio a smettere di pensarci. Un pomeriggio si spinse fin sopra le cime degli alberi per dare l'ennesima occhiata. Era decisamente rischioso, il valico si profilava un migliaio di metri più in alto, il vento sferzava imprevedibile e l'aria rarefatta rendeva difficile il volo. Le fredde rocce grigie si stagliavano nette sul delicato prato verde. Eppure era la tentazione di non volare fin lassù che la spingeva a volare.

Quella sera, quando Buzz gli riferì il suo proposito, Bert accolse l'idea con iniziale freddezza. «Ovunque andrai, non potrai mai sfuggire a te stessa», le fece notare. «L'unica via d'uscita è dentro di te.»

«Suppongo tu abbia ragione, ma io devo sapere che cosa c'è dall'altra parte.»

«Benone, ma non pensare che questa sarà la soluzione ai tuoi problemi.»

Buzz era riluttante ad ammetterlo, ma sapeva che Bert

aveva ragione. Stava cominciando a stancarsi del fatto che l'amico avesse sempre ragione.

«Ora, parlami di questo bisogno impellente che hai», proseguì Bert.

«Be', è difficile spiegare. È un chiodo fisso che non riesco a scacciare dalla mente. Sento di dover tentare.»

«E cosa ti trattiene?»

«Cosa mi trattiene? Lassù è pericoloso! Il vento è fortissimo, fa un gran freddo e la strada fino in cima è molto lunga. Potrei morire; ecco cosa mi trattiene!»

«La paura della morte è proporzionale alla paura della vita.»

«È facile per te dirlo», ribatté Buzz. I luoghi comuni di Bert cominciavano davvero a darle sui nervi. Non riusciva mai a comprenderlo fino in fondo. Un minuto prima sembrava contrario a un'idea e quello dopo pareva essere d'accordo. «Bert, so che stai cercando di aiutarmi, ma a volte le tue frasi lapidarie non fanno che aumentare la mia frustrazione. Perché non mi dici ciò che pensi senza tanti giri di parole?»

Bert percepì la tensione nella voce di Buzz. «Mi fa male vedere che ti tormenti, Buzz, e a volte vorrei darti dei consigli, ma non è detto che ciò che è giusto per me lo sia anche per te.»

In quel momento Buzz avrebbe desiderato poter tornare indietro, ricominciare daccapo ed essere come tutti gli altri.

«Non puoi tornare indietro adesso; sai troppo», commentò Bert.

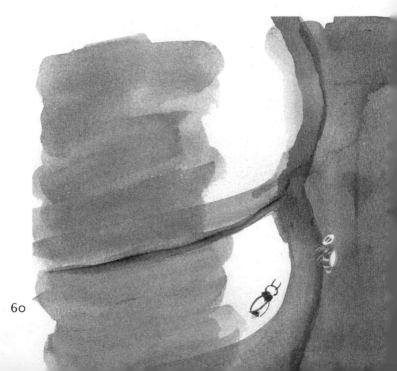

Buzz alzò lo sguardo sulla vecchia ape con aria sospettosa. Bert riusciva forse a leggerle nel pensiero? «È solo che le cose stanno cambiando troppo in fretta», protestò. «È troppo per me.»

«Tutto avviene in seguito a un cambiamento», rispose Bert.

Seguì un lungo silenzio. Buzz sentì di essere vicina al crollo.

«Ogni ape è responsabile del proprio destino», disse Bert.

Buzz lo guardò incredula. «Mi stavi leggendo nel pensiero?»

La vecchia ape cambiò argomento. «Credi che al mondo esistano solo il dolore e la fatica? La vita è una cosa troppo seria per essere presa seriamente.»

La pazienza di Buzz era giunta agli sgoccioli e pensò che se avesse sentito l'ennesima banalità sarebbe esplosa.

Bert aggiunse: «Non devi far nulla. Se non fai nulla, nulla resterà da fare».

Sopraffatta, Buzz rivolse a Bert uno sguardo interrogativo carico di disperazione, mentre la rabbia, simile a un'aquila, ghermiva con i lunghi artigli il suo cuore. Si sforzò di capire il significato delle parole di Bert, ma fu colta da un improvviso accesso d'ira. «E che cosa vorrebbe dire?» sbottò. «Perché non mi parli in modo diretto? Non ti basta avermi rovinato la vita, devi anche rigirare il coltello nella ferita! E quel che è peggio, io sto qui a farmi torturare! Sono stufa marcia di te e di tutto questo tuo blaterare mistico! Niente di quel che dici ha senso; serve solo a deprimermi! Io ho chiuso!»

Buzz era furiosa. Si alzò in volo e si diresse verso la quiete del bosco, ma ben presto fece dietrofront, tornò a ronzare attorno a Bert e gridò con tutta la voce che aveva in gola: «LASCIAMI IN PACE! NON NE POSSO PIÙ! ADDIO!»

Buzz s'inoltrò nel fitto intrico di rami che si protendevano come braccia ad afferrare il vento del pomeriggio e rimase di pessimo umore per tutto il giorno. Continuò a fare avanti e indietro lungo la sponda del ruscello. La sua vita stava andando a rotoli, e la colpa era tutta del suo migliore amico. Che diritto aveva quel vecchio svitato di farle il lavaggio del cervello? Una parte di lei desiderò segretamente che Bert morisse presto. La sua morte avrebbe risolto molti dei suoi problemi. Allora sarebbe potuta tornare alla normalità.

Per il resto della giornata Buzz evitò Bert di proposito. Si era calmata, ma si era convinta che, sebbene la vecchia ape fosse animata da buone intenzioni, era decisamente troppo vecchia, e lei avrebbe fatto volentieri a meno della sua «saggezza» per un po'. Aveva bisogno di concentrare le energie per ritrovare il proprio equilibrio.

Al tramonto Buzz si apprestò a tornare all'alveare quando, con la coda dell'occhio, vide un'ape a terra, in difficoltà. Planò e si accorse che si trattava di Bert che con un patetico sforzo cercava di reggersi sulle zampe. Fu colta da un'ondata di rimorso e mentre osservava l'amico lottare invano, l'amore, a lungo trattenuto, esplose dal suo mi-

croscopico cuore come la lava compressa di un vulcano. Bert stava morendo.

Buzz lo raggiunse in un lampo e provò a confortarlo, le sue guance di ape rigate di lacrime infinitesimali. «Mi dispiace, Bert. Mi dispiace così tanto», singhiozzò. «Ti prego, perdonami.»

«Non c'è niente di cui devi dispiacerti, figliola», sussurrò Bert con la voce soffocata dalla sofferenza. «Hai fatto quel che dovevi.» Bert rivolse a Buzz un sorriso che diceva *È tutto ok*.

«Da quanto sei qui, Bert?»

«Pressappoco da mezzogiorno.»

«Resisti», lo incitò Buzz. «Torno fra un istante con un po' di nettare.»

«No», disse Bert.

«Ma Bert, posso portarti del cibo e...»

«No», ripeté Bert con voce pacata. «È giunta la mia ora, Buzz. Non ha senso cercare di prendere tempo.»

Sopraffatta dall'angoscia, Buzz cedette a un pianto ancor più disperato e cercò di sostenere la testa della vecchia ape come meglio poté. Ma essa ciondolava molle, fra le sue piccole zampe. «Grazie infinite per tutto quello che mi hai dato, Bert. Non ti dimenticherò mai.»

Bert abbozzò un debole sorriso e sussurrò: «Trasmettilo».

Buzz fu sorpresa dalla serenità dipinta sul volto di Bert. «Non abbiamo mai parlato della morte. Non hai paura?»

«Solo quando dimentico chi sono veramente», sussurrò. Le due api si guardarono intensamente negli occhi e Bert proseguì debolmente. «Buzz, so che la tua ricerca non è stata facile... ma c'è una cosa... con la quale voglio lasciarti... Il significato della nostra esistenza non riguar-

da le idee su Dio… o la religione… o l'aldilà. Riguarda…
Riguarda…»

Uno sguardo carico di dolcezza illuminò il volto di Bert.
La bocca si rilassò, il respiro si fece più lieve, gli occhi si
chiusero piano e Bert se ne andò quietamente.

Nella bocca un sapore di nettare – un nettare squisito che
Buzz non aveva mai assaggiato prima – nel cuore la con-
sapevolezza della morte di Bert. Buzz si lasciò cadere a
terra, stordita.

8

Fu la notte più triste e lunga della sua vita. Bert era l'unica ape cui avesse mai voluto bene, la sola che l'avesse mai compresa. E ora se n'era andata. Buzz non credeva di poter provare tanta solitudine. E vagò nel prato desolato della mancanza, dove ogni stelo di trifoglio, ogni petalo di dente di leone, ogni spina di rosa selvatica aveva l'odore di Bert.

Pianse in silenzio la sua morte fino alle prime luci dell'alba. Poi fu assalita dall'inquietudine. Che cosa avrebbe fatto adesso? Presto o tardi avrebbe dovuto lasciare l'amico. Decise di dirigersi verso l'alveare, ma poi tornò indietro per continuare la sua veglia, gli occhi carichi di pena fissi sul volto esanime ma sereno del vecchio. Sapeva che non si era trattato di mera fortuna se Bert era entrato a far parte della sua vita proprio in quel momento.

L'anziana ape le aveva dato così tanto, ma che cosa avrebbe dovuto fare adesso di tutti i suoi insegnamenti?

Mentre il carro infuocato del sole cominciava la sua corsa nel cielo, Buzz rimase a osservare le cime delle montagne incoronate dai raggi mattutini. Sentì che la stavano chiamando. Diede l'ultimo saluto a Bert e non appena la luce del giorno oltrepassò la linea dell'orizzonte, si alzò in volo. Era intirizzita dal freddo, ma non poteva aspettare oltre. Quando superò le cime dei rossi abeti, alzò lo sguardo, titubante. Una distesa miracolosa si perdeva nell'infinito.

Buzz si nutrì del nettare di alcuni fiori di campo per riguadagnare le forze, poi volle esplorare i confini di quella magia. Si sentiva impaurita. Ma c'era dell'altro; qualcosa non andava. Provò a comprendere di che si trattasse, ma senza riuscirci. Allora fu colta da una grande agitazione. E cominciò a dubitare. *Che ci faccio quassù? Devo essere ammattita. Il vento mi scaglierà contro quelle rocce in men che non si dica.*

Allora capì. VENTO? NON C'È VENTO! Era come se l'aria, nel suo silenzio di vetro, stesse sostenendo le sue ali. Fu percorsa da un brivido elettrizzante e sfrecciò verso l'alto.

I primi trecento metri furono facili come una passeggiata nel prato, poi i limiti imposti dalla fisiologia delle api si fecero sentire. Buzz rimase sospesa nel vuoto per un istante, per riprendere fiato, e osservò il paesaggio che si spalancava sotto di lei. Non aveva mai raggiunto una simile altezza, prima. Il manto erboso ai piedi delle colline era poco più di una macchiolina verde nell'immensità della valle. Sopra, altri seicento metri di nuda parete rocciosa parevano farsi beffe della sua sfacciataggine. Proseguì, questa volta a un'andatura più ragionevole, salendo a spirale invece di sfrecciare in linea retta.

Giunta quasi a metà strada, Buzz cominciò a sentirsi esausta. Le ali, mai prima di allora sottoposte a un simile sforzo, le dolevano. Si posò su un piccolo spuntone di roccia coperta di licheni per riposare, e mentre se ne stava seduta lì — una minuscola ape al cospetto di quella meraviglia sconfinata — comprese finalmente il significato del suo intento.

Quel luogo era di una bellezza incontaminata. L'aria era pura e frizzante. Il cielo di un azzurro intenso. Alla sua sinistra, una cascatella alzava un sottile velo di nebbia verso la valle. Cento diverse tonalità di verde imprigionavano la luce del mattino. I castori erano intenti a ispezionare i propri laghetti. I cervi sbucavano timidi dall'oscurità del bosco. Le nuvole vagavano in cielo con il loro carico di sogni, vicine come non mai. Il lontano cinguettio degli uccelli riempiva l'aria.

«È davvero tutto perfetto», bisbigliò Buzz. «Tutto è interconnesso, collegato. Non ci sono errori, crepe, sbavature. Il bene e il male sono concetti limitati alla mente delle api. Tutto semplicemente è!» L'impatto travolgente di quella rivelazione le diede un brivido, mentre il ricordo delle parole di Bert le riaffiorò alla mente.

«Non si può dare la caccia alla felicità; la felicità arriva quando meno te lo aspetti.»

Una folata di vento la scosse dai suoi pensieri. Se aveva intenzione di attraversare il valico prima che facesse buio, avrebbe dovuto mettersi subito in marcia, perché la brezza pomeridiana si stava già alzando. Prese il volo e salì altri sessanta, centoventi, centottanta metri. Tuttavia, a quell'altitudine la brezza si trasformava in vento, e diventava difficile mantenere la direzione.

Ben presto si sentì in balìa della corrente e rischiò di schiantarsi contro una pietra acuminata. Un flusso d'aria discendente annullò trenta metri di salita in tre secondi. Buzz capì di essere in pericolo e lottò disperatamente per allontanarsi dalla roccia. Le piccole ali sbattevano all'impazzata, ma era giunta al limite delle forze. Doveva posarsi, e in fretta, ma l'aria era troppo instabile perché potesse avvicinarsi alla parete.

Poi giunse la raffica che aveva tanto temuto. Il suo ultimo ricordo fu di precipitare rovinosamente verso il fianco della montagna, capovolta e senza controllo.

9

'Quando riprese i sensi, Buzz fu sorpresa di essere ancora viva. Si guardò attorno, incredula. Il vento l'aveva scagliata su un masso levigato, trenta metri sotto il valico, e ora infuriava più violento che mai. Buzz era stordita, dolorante e completamente priva di forze. Ma era viva. Mentre ritornava lentamente in sé, comprese che in quelle condizioni non sarebbe mai riuscita ad andare da nessuna parte. Aveva bisogno di nettare, ne aveva un bisogno disperato.

Strisciò avanti e indietro, in cerca di una possibile via di fuga. In alto, in basso, a destra, a sinistra: le sole opzioni erano la nuda parete della montagna e il vento ruggente. Alzarsi in volo era fuori questione. Con sconcerto, si rese conto che molto probabilmente sarebbe morta lassù.

Era paralizzata dal freddo. Le orecchie presero a ronzarle. Non poteva crederci: lei, l'ape Buzz, stava per morire. Non un'ape qualunque, tantomeno un'ape vecchia quanto Bert. Ma Buzz in persona. L'indomani non ci sarebbe più stata. Era ancora giovane. Com'era potuto accadere? Voleva inseguire un sogno, e ora per quel sogno rischiava di perdere tutto. Vivere la propria verità, eh? In questo momento le sarebbe bastato semplicemente vivere. Il mondo era davvero ingiusto. Migliaia di pensieri turbinarono caotici fra le sue antenne terrorizzate.

Provò a convincersi che la morte era solo un sonno senza risveglio, ma ciò non riuscì a confortarla granché. Si chiese che cosa si provasse a morire di fame, e quanto tempo ci sarebbe voluto. Cercò di immaginare quello che sarebbe accaduto al suo corpo. Si sarebbe decomposto e seccato, una folata di vento lo avrebbe spinto oltre il masso, facendolo rimbalzare sulle rocce fino a valle, dove si sarebbe polverizzato. E nessuno lo avrebbe mai saputo, a nessuno sarebbe importato. Era tutto così infinitamente triste. Buzz pianse, tremò, gridò e si tirò le antenne fin quasi a strapparsele, ma la paura non fece che aumentare. Pensò a Bert e si chiese che cosa avrebbe avuto da dire a riguardo.

«L'unica via d'uscita è dentro di te.»

Buzz rimase seduta sul masso per tutta la mattina, sentendosi sempre più stanca e incapace di reagire. Di tanto in tanto, veniva travolta da folate di vento, paura e angoscia. Non poteva morire a quel modo. Non adesso.

Con il passare del tempo, si accorse di avere sempre più difficoltà a muoversi e a ragionare lucidamente. Tutto si faceva confuso e distante, come in un sogno. Un grande sollievo dal precedente terrore. E Buzz lo accolse con piacere. Tutto considerato, non era un modo tanto brutto di andarsene.

Fu in quello stato di semincoscienza che, all'improvviso, li vide con la coda dell'occhio. Da principio credette a un'allucinazione; distolse lo sguardo, si sfregò le palpebre e poi guardò di nuovo. Erano ancora là: tre fiorellini di campo miracolosamente aggrappati al freddo granito senza vita. Non riusciva a crederci. Aveva trascorso l'intera mattina sulla pietra liscia e scivolosa. Come poteva non aver notato quei fiori? Erano forse un miraggio? Buzz trascinò il proprio corpo deperito verso i fiori e ne sfiorò uno. Era vero! Si riposò un istante appoggiando la schiena contro il gambo, per raccogliere le energie. Poi con tutta la forza di cui disponeva, si mise in piedi, sbirciò all'interno e vide, giù in fondo, il piccolo pistillo ricoperto di uno scintillante strato di nettare. S'infilò nel fiore e mangiò a sazietà. Era lo stesso, incredibile nettare che aveva assaggiato quando Bert era morto! Che cosa stava succedendo? Una volta terminato con il primo fiore, si spostò sul secondo, riacquistando lentamente le forze. Giunta a metà del pasto, Buzz si sentì sazia e piena di energia.

Tornata sulla roccia, Buzz si voltò a osservare i fiori,

ancora incredula. «Che fantastico colpo di fortuna», disse fra sé e sé. «Come ci sono arrivati qui, dei fiori? È assolutamente impossibile che non li abbia notati prima. Perché hanno lo stesso sapore del nettare che ho assaggiato quando Bert è morto? E perché non sono morta quando il vento mi ha scaraventata contro la parete?» Che cosa stava accadendo quella mattina?

E mentre la vita tornava a fluire nel suo corpo guardò in basso. Una raffica improvvisa la travolse, facendola quasi precipitare. Si accovacciò aggrappandosi a un pezzo di granito e attese che passasse. Il vento infuriava come non mai, e Buzz sapeva che non avrebbe mai potuto alzarsi in volo in quelle condizioni. Trovò allora un angolino soleggiato al riparo dall'aria e si rilassò. Il vento di solito cessava verso il tramonto, dunque, alla peggio, avrebbe dovuto attendere tutto il pomeriggio.

Così se ne rimase quieta, la coraggiosa piccola ape, a guardare la valle dov'era la sua casa. Ora sentiva che non solo sarebbe sopravvissuta all'impresa, ma che sarebbe anche riuscita a raggiungere il versante opposto. Per passare il tempo, prese a canticchiare le sue melodie preferite. Di tanto in tanto, ritornava ai fiori per un sorso di nettare e per ricordarsi ancora una volta di Bert e della sua buona sorte.

«La vita è una cosa troppo seria per essere presa seriamente.»

All'improvviso, Buzz provò una terribile nostalgia del vecchio amico. Aveva imparato così tanto da lui. Più di ogni altra cosa desiderava che Bert fosse lì con lei in quel momento. Ma non sarebbe mai potuto accadere.

Il sole calava dietro le montagne e il vento continuava a ululare, tuttavia Buzz era ancora convinta che si sarebbe placato al tramonto. Ma quando la palla di fuoco incendiò l'orizzonte e poi sprofondò nelle cupe acque della sera senza che il vento accennasse minimamente a diminuire, Buzz cominciò a preoccuparsi di nuovo. Sapeva di avere soltanto un'altra ora di luce e calore per oltrepassare il valico. Il vento soffiava più violento che mai, e quando la prima stella apparve nel cielo, l'ottimismo di Buzz svaporò in un istante.

Avrebbe dovuto trascorrere la notte lassù, esposta alle gelide correnti. Non sapeva se ce l'avrebbe fatta, ma non aveva altra scelta che tentare. Con il passare delle ore, mentre la temperatura continuava ad abbassarsi, Buzz si sentiva congelare. S'infilò nella fenditura più protetta che riuscì a trovare. Il granito era freddo come il ghiaccio, ma era sempre meglio che rimanere esposti a quell'aria tagliente. Ben presto cominciò a tremare senza controllo. Uscì un istante dal suo rifugio per sbattere le ali e fare qualche saltello, ma non servì a molto.

Pensò alla sua colonia giù in basso, calda e protetta nell'alveare. Quanto avrebbe desiderato trovarsi lì, al riparo, insieme alle sue compagne. Perché mai aveva deciso di avventurarsi fin lassù? Comprese quanto avesse care le sue sorelle api e quanto fosse stata stupida a dare tutto per scontato. Cominciò a pensare che se il vento fosse cessato l'indomani, sarebbe tornata dritta all'alveare e avrebbe cominciato una vita nuova. Proprio in quell'istante la folata di vento più violenta della serata la travolse, portando con sé l'eco dell'ammonimento di Bert:

«*Non puoi tornare indietro adesso; sai troppo.*»

Due volte, nel cuore della notte, Buzz si accorse di cedere al sonno. Era l'unica cosa che sapeva di non dover fare, poiché era certa che non si sarebbe svegliata mai più. Si trascinò nuovamente sul masso e prese a saltellargli attorno. Aveva le zampe ghiacciate, il corpicino in preda ai brividi e le ali doloranti, ma si costrinse a muoversi.

E così Buzz trascorse la notte più lunga e triste della sua

vita, facendo avanti e indietro dalla fessura alla roccia, nel tentativo di scaldarsi e rimanere viva.

Alla fine, dopo quella che parve un'eternità, Buzz notò un flebile lucore grigio nel cielo a oriente, e udì il lontano cinguettio di un uccello. Il canto di un uccello? Un'ora prima non sarebbe riuscita a sentirlo neppure se lo avesse avuto a pochi centimetri da sé. Il corpo, intorpidito dal gelo, si rese conto che il vento era cessato; tutto era perfettamente immobile.

L'alba sembrò trascinarsi all'infinito. Fu l'attesa del giorno a mantenere Buzz in vita. Alla fine, i raggi del sole colpirono il picco più alto della catena montuosa e con esacerbante lentezza scivolarono lungo il fianco della montagna. Buzz li osservò tremante. Quando i morbidi petali della luce sfiorarono anche le sue ali, Buzz si sentì percorsa da un delizioso, tiepido formicolio. Non si era mai resa conto che l'abbraccio del sole potesse essere tanto piacevole. Quella sarebbe stata un'altra cosa che non avrebbe più dato per scontata.

Gradualmente, il suo corpo intirizzito si sciolse in un piacevole tepore, e Buzz cominciò a sentirsi meglio. Si crogiolò come mai prima, guizzando sul granito, aprendo le ali come per cogliere fino all'ultimo fotone di quel meraviglioso calore.

Dopo un ultimo sorso di nettare, si sentì pronta. Si alzò in volo e, nella quiete dell'aria mattutina, salì a spirale senza il benché minimo sforzo. Tuttavia, a mano a mano che si avvicinava al valico, invece di sentirsi pervasa da una gioiosa eccitazione, provò un crescente senso di disagio. E quando finalmente raggiunse la cima, quello che provò non fu esultanza ma profonda delusione.

La scena sottostante la lasciò sconcertata. Ai suoi occhi non apparvero montagne, ghiacciai, deserti o oceani. Vide una valle molto simile alla propria, con un bosco, un prato e uno stagno. Istintivamente Buzz comprese che la vita lì non sarebbe stata tanto diversa da quella che si era lasciata alle spalle: stesse compagne, stessi problemi, stessa Buzz. Aveva fatto tutta quella strada e rischiato la vita per cosa? Per trovare altrove quello che già possedeva? Ma che cosa si era aspettata? In realtà non ci aveva mai riflettuto a fondo.

La sua parte razionale le diceva che, essendo giunta tanto lontano, avrebbe dovuto scendere lungo il pendio, esplorare quei luoghi e soddisfare la propria curiosità. Se fosse tornata indietro adesso, non avrebbe mai saputo com'era

la vita in quella valle e lo avrebbe rimpianto in eterno.
Tuttavia era ben conscia delle difficoltà che comportava il
rientro a casa e del fatto che, qualora avesse proseguito,
avrebbe corso il rischio di rimanere bloccata in quella
nuova terra. Stava venendole meno il coraggio? Tornare
indietro adesso significava aver rischiato la vita invano?
Tutto era confuso.

«Ovunque andrai, non potrai mai sfuggire a te stesso.»

Al contempo, tuttavia, sentiva crescere in sé l'idea che l'esplorazione non fosse l'unico motivo che l'aveva spinta a raggiungere quella terra. Buzz non sapeva che fiori pigliare. Al pensiero di tornare a casa, si sentì pervasa da un senso di pace e sollievo, ma, alla prospettiva di scendere in quella nuova valle, percepiva un malessere inquieto. Giunse infine alla conclusione che qualunque fosse la lezione da imparare attraverso quel viaggio, l'aveva appresa giungendo sin lì. Forse quella nuova consapevolezza non aveva alcun senso, ma Buzz sentì di doverla onorare.

«La mente è un servitore meraviglioso ma un pessimo padrone.»

Alla fine, un soffio di brezza la riportò alla realtà. Senza pensarci un minuto di più, Buzz si voltò, si alzò in volo e cominciò la lunga discesa verso la propria valle.

10

Volò a spirale, e le sue fragili ali disegnarono nell'aria volute di gioia. Ben presto raggiunse le cime degli alberi, avvicinandosi al prato. Era una mattinata bellissima, limpida e luminosa, e la colonia stava cominciando le proprie attività quotidiane. L'aria brulicava del ronzio delle api al lavoro. Una scena cui Buzz aveva assistito centinaia di volte carica di risentimento, ma alla quale ora si sentiva impaziente di prendere parte. Il semplice gesto di procacciare cibo non le aveva mai procurato tanta soddisfazione e, nonostante la terribile notte trascorsa, tornare alle occupazioni di sempre non l'annoiò nemmeno un pochino. Era così bello essere di nuovo a casa.

La mattina successiva, molto prima dell'alba, Boris si stava stiracchiando nella sua tana. Anche lui aveva pensato ad alternative migliori e aveva escogitato un piano che, era certo, avrebbe funzionato. Aveva notato con quanta lentezza le api si muovevano nel freddo delle ultime ore notturne, e gli era venuta un'idea. Perché non attaccare l'alveare proprio allora, quando le api meno se lo aspettavano e avevano la guardia abbassata? Boris emerse dalla tana e si diresse guardingo verso l'alveare. Quando lo scorse in lontananza, si fermò e valutò la situazione. Nessun'ape in vista, perfetto! Raggiunse l'albero quatto quatto, affondò le unghie nella corteccia e cominciò ad arrampicarsi. Ancora niente api! Con il muso a pochi centimetri dall'alveare lo colpì con una possente zampata. Questo si staccò dal ramo e si schiantò al suolo andando in pezzi, mentre il miele in esso contenuto si riversava sul terreno. L'intera colonia si svegliò di soprassalto per la potente scossa, colta completamente di sorpresa. Tre secondi più tardi giunse lo schianto della caduta. Centinaia di api morirono sul colpo, mentre a decine si ritrovarono imprigionate nel miele, incapaci di muoversi. Il panico e la confusione si diffusero in un battibaleno. Le api sopravvissute e non intrappolate videro l'orso scendere dall'albero e correre loro incontro. Paralizzate dalla paura e troppo frastornate per organizzare una difesa, si allontanarono strisciando e lasciarono che Boris si aggiudicasse il proprio bottino. Non ci volle molto. Nel giro di dieci minuti, l'orso aveva divorato tutte le parti dell'alveare che contenevano miele, distruggendo quelle vuote. Un disastro totale.

Buzz fu una delle fortunate sopravvissute.

Sorprendentemente, mantenne la calma.

«La perfezione non è insita nelle cose; è una condizione mentale.»

Nell'osservare Boris distruggere in pochi minuti ciò che loro avevano impiegato una vita a costruire provò un enorme senso d'impotenza. Ma ricordò anche il suo piano e sperò che sarebbe servito per dar modo alla colonia di costruire un nuovo alveare, più protetto. Dopo essersi leccato le zampe per quella che parve un'eternità, l'orso bramì sonoramente e si allontanò nel bosco.

Le api sopravvissute si riunirono attorno ai resti dell'alveare e iniziarono a liberare le compagne superstiti e a dare conforto a quelle ferite, in attesa del sorgere del sole. L'alba giunse, infine, e le api più anziane valutarono i danni dell'attacco. «La regina è morta», fu cupamente annunciato.

«Che cosa faremo?» chiese un'operaia.

«Costruiremo un nuovo alveare», disse una delle api anziane. «Ci sono abbastanza sopravvissuti per dar vita a una nuova colonia.»

«Ma dove?»

«Troveremo un altro albero», fu la placida risposta. «E lo costruiremo sulla parte più esterna del ramo.»

«E monteremo una guardia notturna», aggiunse un'altra.

Buzz evitò di ribattere. «Io conosco un posto dove potremmo ricostruire l'alveare ed essere al sicuro da Boris e dai temporali.» Tutti gli occhi si fissarono su di lei. «Sulle rocce», aggiunse, «oltre il limitare superiore del prato.»

«Chi ha mai sentito di un alveare costruito sulla roccia?» ribatté Buster. «Gli alveari si costruiscono sugli alberi. Punto e basta.»

«Aspettate, aspettate», intervenne l'ape anziana. «È vero, non è ortodosso, ma potrebbe non essere una cattiva idea. Con esattezza che cos'hai in mente, Buzz?»

«Venite, ve lo mostrerò», disse Buzz alzandosi in volo. Quel che restava della colonia sciamò dietro di lei, che la condusse verso la parete rocciosa. Si fermò ai piedi della montagna, e lo sciame si posò sopra il tronco di un albero, ricoprendolo. Buzz indicò le fessure più in alto. «Là... là... o là.»

Accompagnate da Buzz, le api più anziane si alzarono in volo per un'ispezione ravvicinata. Esplorarono a una a una tutte le cavità, valutandone il potenziale come nuova dimora.

Buzz elencò i pro e i contro di ciascuna fenditura: accessibilità, esposizione, dimensioni, punti di ancoraggio e via dicendo. «Personalmente, credo che quella centrale sia la migliore», commentò Buzz.

«Lo penso anch'io», concordò l'ape anziana, sostenuta dal resto del gruppo. «Allora è deciso. Ricostruiremo l'alveare proprio qui.»

«Siamo tutti i discepoli e i maestri gli uni degli altri.»

Con la popolazione della colonia ridotta a quasi alla metà e l'autunno ormai alle porte, non c'era tempo da perdere. Tutti si misero subito al lavoro quella mattina stessa e continuarono senza sosta fino al calar della sera. Per necessità, questa routine si protrasse giorno dopo giorno, finché il nuovo alveare cominciò a prendere forma e la colonia ebbe di nuovo un tiepido rifugio. Come tutte le compagne, Buzz si ritrovò a lavorare sodo come non mai. Ma invece di provare rancore, si sentì unita alle altre operaie da un nuovo spirito di cameratismo. Di certo, avevano approcci differenti alla vita, ma in verità, le similitudini superavano le divergenze.

«La vita è un viaggio dall'io al noi.»

Senza nulla togliere al lavoro che aveva da svolgere, Buzz trovò ogni giorno il tempo di volare fino al suo posticino preferito, lungo il ruscello dove aveva conosciuto Bert. Si sedeva in silenzio, chiudeva gli occhi e si perdeva nel gorgoglio dell'acqua. Fu sempre più in grado di...

«Essere semplicemente qui, adesso.»

Con il trascorrere del tempo, Buzz sentì crescere in sé un profondo senso di gratitudine per la propria vita di ape, per essere sopravvissuta e per la sua nuova casa. Era così bello avere di nuovo una casa. Era davvero stupefacente vivere in quella meravigliosa valle e appartenere a una colonia così unita. Era davvero stupefacente che il prato fosse tanto ricco di fiori, sempre pronti a fornire il loro dolce nutrimento. Era una cosa straordinaria avere un alveare che proteggesse le api e permettesse loro di dar vita a nuove generazioni. Ed era stato un miracolo aver conosciuto Bert.

Fu così che Buzz riprese la sua vita di ape operaia e si dedicò a costruire e gestire l'alveare, a nutrire le larve e a immagazzinare miele e polline. Non ci fu più bisogno di difendersi da attacchi esterni. Il disprezzo che Buzz aveva provato nei confronti delle compagne lasciò il posto a un sentimento di orgoglio e compassione. Più diventava sicura di se stessa, meno si sentiva minacciata dalla consapevolezza di appartenere alla colonia. Riuscì ad accettare con indulgenza le proprie paure, le proprie debolezze e le piccole manie e quelle delle altre api, comprendendo che ciascuno faceva del suo meglio con i mezzi che aveva a disposizione.

Buzz capì che ognuno di loro giocava il ruolo per cui era nato. Lei compresa. Tutto era come sempre; nulla era cambiato. Eccetto lei.

Il potere della mente consiste nel cogliere le differenze; quello del cuore, nel cogliere le similitudini.

Finito di stampare nell'aprile 2006
presso la Mondadori Printing S.p.A.
Stabilimento N.S.M. di Cles (TN)
Printed in Italy